Irmgard Dose

Geldgeschenke zum Geburtstag

Neue Ideen mit dem Euro

Ravensburger Ratgeber
im Urania Verlag

Inhalt

Vorwort

Sicherlich kennen Sie die Situation: Sie sind von einem Verwandten oder einem Freund zum Geburtstag eingeladen und möchten dem Gastgeber zu diesem Anlass gern etwas schenken, aber es fällt Ihnen nichts Passendes und Sinnvolles ein. Oft ist es schwierig, »das richtige Geschenk« zu finden, vor allem, wenn man die Vorlieben und Wünsche des Geburtstagskindes nicht genau kennt.

Mit einem Geldgeschenk können Sie immer Freude bereiten. Die beschenkte Person kann das Geld ganz nach Belieben verwenden – vielleicht gibt es etwas, was sie insgeheim schon länger haben möchte und sich nun kaufen kann, oder sie spart, um sich einen größeren Wunsch zu erfüllen.

Damit Ihr Geschenk nicht unpersönlich und einfallslos wirkt, können Sie die Geldscheine oder Münzen hübsch arrangieren und dekorieren. In diesem Buch finden Sie dazu die unterschiedlichsten Gestaltungsideen – sicher ist auch etwas dabei, was dem Geschmack des Geburtstagskindes entspricht.

Sie können die vorgestellten Dekorationsvorschläge den Anleitungen entsprechend fertigen oder sich davon zu eigenen aparten Kreationen inspirieren lassen.

Lassen Sie Ihrer Phantasie freien Lauf und haben Sie viel Freude beim Basteln!

Ihre
Irmgard Dose

Material & Werkzeug

Hier finden Sie eine Auswahl an Materialien und Werkzeugen, die Sie zum Fertigen der in diesem Buch vorgestellten Modelle benötigen.

Zum Schneiden von Moosgummi, Fotokarton, Pappe und Naturpapier dienen je nach gewünschter Form kleine Nagelscheren, Scheren oder Bastelmesser; Geschenkband, Organzaband, Kreppwickelband und Naturbast werden mit einer Schere geschnitten. Draht, z. B. Blumensteckdraht oder Blumenbindedraht, wird mit einer Kombizange auf die erforderliche Länge gekürzt.

Zum Kleben eignen sich Alleskleber oder Heißkleber; Geldscheine können mit ablösbarem doppelseitigem Klebeband fixiert werden. Zum Malen verwenden Sie Acryl- oder Plakafarben und feine Pinsel. Für Modelle aus Holz benötigen Sie eine Laubsäge und feines Schleifpapier.

VORLAGEN ÜBERTRAGEN

Übertragen Sie das Motiv auf Transparentpapier und schneiden Sie es aus. Legen Sie die ausgeschnittene Vorlage auf die Moosgummi-Platte. Mit einem spitzen Gegenstand (wie Holzstäbchen oder Scherenspitze) ziehen Sie die äußere Kontur nach, die auf diese Weise direkt auf das Moosgummi übertragen wird.

Durch diese Technik ersparen Sie sich das Anfertigen einer Schablone und unschöne Striche auf dem Moosgummi.

Stein im Brett

MATERIAL

Holzbrett (24 x 7 cm, 2 cm dick)
Stein, Laubsäge, Schleifpapier
Klar-/Mattlack
Pinsel, Heißklebepistole
Tonkartonkärtchen rosa mit
Glückwunschtext
doppelseitiges Klebeband
Geldschein

Zunächst der Form des Steines entsprechend mit der Laubsäge eine Öffnung in das Brett sägen. Danach die Schnittkanten mit Schleifpapier glätten und das Brett mit Lack bestreichen.

Nach dem Trocknen des Lacks wird der Stein mit Heißkleber in der Öffnung fixiert. Dazu das Brett auf eine glatte Unterlage legen, die Öffnung mit Kleber versehen und den Stein hineinlegen.

Anschließend das Textkärtchen mit doppelseitigem Klebeband auf das Brett kleben. Zuletzt den Geldschein der Länge nach falten und mit einem kleinen Stück des Klebebands auf dem Holz befestigen.

Zu Deinem Geburtstag
ein paar Mäuse von
Irmgard und Klaus

Mäuse

MATERIAL

Mausefalle
Frühstücksbrettchen
Holzleim, Geldschein
Geschenkband blau
(30 cm lang, 3 mm breit)
kleine Styropor- oder Plastikmäuse
Getreidehalme
künstliche Efeublätter
Maiskörner, Heißklebepistole
Tonkartonkärtchen beige mit
Glückwunschtext
doppelseitiges Klebeband

Befestigen Sie die Mausefalle mit Holzleim auf dem Frühstücksbrettchen und lassen Sie den Leim gut trocknen. Dann den Spannbügel der Falle so weit umbiegen, dass er nicht mehr ausrasten kann.

Nun den Geldschein der Länge nach fächerförmig falten und in der Mitte mit Geschenkband umschlingen. Die gefalteten Schmalränder auffächern und den Schein an der Mausefalle festbinden.

Anschließend werden Mäuse, Getreidehalme, Efeublätter und Maiskörner mit Heißkleber auf dem Brett befestigt. Zum Schluss das Textkärtchen mit doppelseitigem Klebeband auf dem Frühstücksbrettchen fixieren.

TIPP

Je nach Wunsch können die Getreidehalme durch andere Trockengräser, die Maiskörner durch getrocknete Erbsen und die Efeublätter durch Seidenblumenblätter ersetzt werden.

Windrad

Die Geldscheine den Windradspitzen entsprechend zu Dreiecken falten (siehe gestrichelte Linie Vorlage A) und mit etwas doppelseitigem Klebeband auf dem eisblauen Moosgummiquadrat fixieren.

Zum Montieren des Windrads zunächst eine Holzperle auf den Haltedraht des Laternenstabs fädeln. Danach den Draht jeweils durch das mittige Loch des hellblauen und des eisblauen Moosgummiquadrats stecken. Ein 2,5 cm langes Stück vom Trinkhalm abschneiden und dieses ebenfalls auf den Haltedraht aufziehen.

Dann die gelochten Spitzen des eisblauen Moosgummiquadrats nacheinander zur Mitte biegen und auf den Draht stecken. Achten Sie darauf, dass die Geldscheine dabei nicht verrutschen. Mit dem hellblauen Quadrat ebenso verfahren.

Anschließend die zweite Holzperle auffädeln. Das Drahtende umbiegen und kurz abschneiden. Die Bänder werden mit Schleifen um den Laternenstab gebunden. Zuletzt das Textkärtchen mit Klebeband an einem der Bänder befestigen.

Kürzen Sie den Laternenstab mit der Laubsäge auf 40 cm Länge. Der Haltedraht sollte sich im rechten Winkel zum Stab befinden. Sitzt der Draht nicht fest auf dem Stab, wird er mit Alleskleber fixiert.

Nun übertragen Sie die Vorlagen von S. 46 wie auf S. 4 beschrieben, dabei die Seiten der Quadrate jeweils auf 12 cm verlängern. Vorlage A wird auf das 2 mm dicke eisblaue Moosgummi, Vorlage B auf das 1 mm dicke hellblaue Moosgummi übertragen. Die Quadrate ausschneiden, mit den gekennzeichneten Einschnitten versehen und an den markierten Stellen lochen.

Alle meine Entchen

MATERIAL

Transparentpapier, Bleistift,
Schere, Bastelmesser,
Moosgummi gelb (2 mm dick)
Alleskleber, Pinsel
Acrylfarbe schwarz
Filzstift schwarz
Holzrundstab (ø 1 cm)
Lineal, Laubsäge, Geldscheine
Moosgummi mit Wellenmuster
blau
Wellenschere
Seidenblüte weiß

Übertragen Sie zunächst die Vorlagen von S. 47 wie auf S. 4 beschrieben auf das gelbe Moosgummi; jede Ente besteht aus zwei Moosgummilagen. Die Formen ausschneiden und entlang den Markierungen mit dem Bastelmesser Schlitze einschneiden.

Dann werden jeweils zwei gleich große Entenformen an den Köpfen und entlang dem oberen Körperrand mit Alleskleber zusammengeklebt. Nach dem Trocknen des Klebers mit schwarzer Acrylfarbe den Schnabel aufmalen und die Augen aufbringen. Jede Ente wird mit dem Namen der schenkenden Person beschriftet.

Nun sägen Sie vom Holzrundstab für jede Ente ein 6 cm langes Stück ab. Kleben Sie das Holzstück jeweils am unteren Körperrand so zwischen die beiden Moosgummilagen, dass die Enten einen stabilen Stand haben. Den Kleber gut trocknen lassen. Anschließend die Geldscheine der Länge nach fächerförmig falten und je einen Schein durch die Schlitze eines Entenkörpers ziehen. Fächern Sie die Scheine an den Schmalseiten flügelähnlich auf.

Für den Teich wird aus blauem Moosgummi mit der Wellenschere in passender Größe ein unregelmäßiges Rechteck ausgeschnitten. Aus gelbem Moosgummi eine ovale Form ausschneiden und diese mit dem Glückwunschtext versehen. Die Enten, eine Seidenblüte und die Glückwünsche auf den Teich kleben.

TIPP

Die Anzahl der Enten richtet sich nach der der schenkenden Personen. Ist es das Geschenk einer ganzen Familie, könnten die großen Enten mit den Namen der Eltern beschriftet sein, die kleinen mit den Namen der Kinder.

Für Naschkatzen

MATERIAL

Fotokarton rosa
Moosgummi rosa (2 mm dick)
Lineal, Bleistift, Schere
Alleskleber, Messer
Styroporkugel (ø 12 cm)
Acrylfarbe rosa, Pinsel
Styroporkleber
Blumensteckdraht
Kombizange
einzeln verpackte Süßigkeiten
(z. B. Schokoriegel)
Heißklebepistole
Moosgummi hellblau (1 mm dick)
Blumenbindedraht
Geldmünzen

der Halbkugeln mit rosa Acrylfarbe bestreichen und nach dem Trocknen der Farbe mit der flachen Seite mit Styroporkleber auf den Moosgummikreis kleben.

Nun in entsprechender Anzahl 12 cm lange Steckdrahtstücke zuschneiden. Das eine Drahtende jeweils zu einer kleinen Öse formen und diese rechtwinklig umbiegen. Auf jeder Öse wird eine Süßigkeit mit Heißkleber aufgebracht. Die freien Drahtenden dicht nebeneinander in die Styroporhalbkugel stecken, sodass diese ganz mit Süßigkeiten bedeckt ist.

Für die Schleifen in gewünschter Anzahl Quadrate mit einer Seitenlänge von 6 cm aus blauem Moosgummi zuschneiden. Die Quadrate zu Schleifen formen und die Schleifenmitte jeweils mit einem Stück Blumenbindedraht umwickeln.

Dann auf jeder Schleife mit Heißkleber eine Münze fixieren und das Ganze mit dem freien Drahtende zwischen die Süßigkeiten stecken.

Schneiden Sie aus rosa Fotokarton einen Kreis mit einem Durchmesser von 23 cm, aus rosa Moosgummi einen Kreis mit einem Durchmesser von 25 cm zu. Beide Kreise mit Alleskleber zusammenkleben und den Kleber trocknen lassen.

Anschließend die Styroporkugel mit einem scharfen Messer halbieren. Eine

TIPP

Besonders apart wirkt die süße Halbkugel, wenn Sie sie großzügig in Klarsichtfolie einschlagen.

Halloween

Bringen Sie die Birkenholzscheibe mit Heißkleber schräg auf dem Strohkranz an. Einige Blätter auf die obere Kürbisöffnung legen und mit Naturbast fixieren. Dann den Kürbis mit Heißkleber auf die Holzscheibe kleben.

Nun das Glückwunschkärtchen mit doppelseitigem Klebeband auf dem Holz befestigen. Blätter, Seidenblüten und Streuteile werden mit Heißkleber fixiert.

Anschließend den Holzrundstab mit der Laubsäge auf 20 cm Länge kürzen. Weiße Acrylfarbe mit etwas Sand vermischen und das Ganze auf ein Ende des Holzstabes aufbringen. Danach 1,5 cm vom Rand entfernt mit roter Farbe eine dünne Linie aufzeichnen. Das andere Stabende wird mit Kreppwickelband umwickelt.

Nach dem Trocknen der Farbe den Geldschein um den Rundstab wickeln und mit etwas doppelseitigem Klebeband fixieren. Die »Zigarette« in die Kürbis-Mundöffnung stecken.

TIPP

Anstelle der gebastelten Zigarette können Sie einfach einen aufgerollten Geldschein in den Kürbismund stecken.

Gute Reise

MATERIAL

Styroporring (ø 18 cm)
Maßband, Bleistift
Sisalkordel (Ø 10 mm)
Schere, Stecknadeln
Bastelfilz rot
Styroporkleber
4 Geldmünzen
Heißklebepistole
3 Geldscheine
doppelseitiges Klebeband
Blumenbindedraht
Kombizange
Moosgummi blau
Filzstift schwarz

Markieren Sie den Styroporring am äußeren Rand in gleichmäßigen Abständen viermal. Dann die Kordel auf 75 cm Länge kürzen. Zu einem Ring legen und die aneinander stoßenden Enden an einer der Markierungen mit Stecknadeln am Styroporring befestigen. Die übrige Kordel so an den verbliebenen drei Markierungen feststecken, dass vier gleich große Schlaufen entstehen.

Nun aus rotem Filz vier 15 cm lange und 4,5 cm breite Streifen zuschneiden. An jeder Befestigungsstelle einen Streifen um Styroporring und Kordel legen und mit Styroporkleber festkleben.

Anschließend befestigen Sie auf jedem Filzstreifen eine Münze mit Heißkleber. Die Scheine zu spitzen Tüten rollen und jeweils mit etwas doppelseitigem Klebeband fixieren. Jede Tütenspitze mit einem Stück Blumenbindedraht umwickeln und die drei freien Drahtenden nebeneinander in den Styroporring stecken.

Danach aus blauem Moosgummi einen Kreis mit einem Durchmesser von 6 cm zuschneiden und die Glückwünsche darauf schreiben. Der Kreis wird so auf den Styroporring geklebt, dass er die Befestigungsstelle der Geldscheintüten verdeckt.

Knallbonbons

MATERIAL

Papprollen (10 cm lang)
Krepp-Papier gelb, rot, blau, grün
Lineal, Bleistift, Schere
Alleskleber
Geschenkband weiß, rot, blau
(je Knallbonbon 60 cm lang,
3 mm breit)
Zackenschere
selbstklebende Hologrammfolie
blau, pink
transparente Bastelfolie
Geldscheine
transparentes Klebeband
Holzstreuteile: Blüten
Heißklebepistole
Moosgummi gelb, rosa
(2 mm dick)
Filzstift schwarz, Lochzange

Für jedes Knallbonbon benötigen Sie ein Krepp-Papierquadrat mit einer Seitenlänge von 30 cm. Jede Papprolle mittig auf ein Quadrat legen und fest mit dem Krepp-Papier umwickeln. Der Papierrand wird mit etwas Alleskleber fixiert.

An beiden Seiten der Rolle das Krepp-Papier mit Geschenkband zusammenfassen und die Bandenden zu einer Schleife binden. Dann die Krepp-Papierränder mit der Zackenschere nachschneiden.

Nun jeweils zwei 3 cm breite und 20 cm lange Streifen aus Hologramm-folie zuschneiden und an den Rändern um die umwickelte Papprolle kleben. Anschließend aus transparenter Bastel-folie je ein 20 cm langes und 10 cm breites Rechteck zuschneiden. Den Geld-schein um das Knallbonbon legen, den Folienstreifen darüber legen und mit

Klebeband befestigen. Danach kleben Sie das Streuteil mit Heißkleber auf die Folie.

Jedes Knallbonbon wird mit dem Namen der schenkenden Person versehen. Dazu jeweils einen kleinen Kreis aus Moosgummi ausschneiden und mit schwarzem Filzstift den Namen aufbringen. Den Kreis lochen, auf ein Bandende fädeln und mit einem Knoten fixieren.

TIPP

Die Anzahl der Knallbonbons richtet sich nach der der schenkenden Personen. Statt des Krepp-Papiers können Sie auch mehrere Lagen Seidenpapier oder bunte Stoffreste zum Umwickeln der Papprollen verwenden.

Geburtstagskuchen

Die Tortendecke auf den Fotokarton legen und den Umriss nachzeichnen. Dann den Fotokarton entlang den aufgezeichneten Konturen zuschneiden und mit Alleskleber unter die Tortendecke kleben.

Nun 16 Rechtecke mit einer Länge von 10 cm und einer Breite von 5 cm aus Wellpappe zuschneiden. Jedes Rechteck wird mit doppelseitigem Klebeband um einen Filmbehälter geklebt.

Die beiden Schraubdeckel mit Heißkleber aufeinander fixieren und elf Filmbehälter dicht nebeneinander um die Deckel kleben. Anschließend die Kerze mittig auf den oberen Deckel kleben und die übrigen fünf Behälter rund um die Kerze platzieren.

Befestigen Sie auf jedem Behälter eine Münze mit Heißkleber. Danach den »Kuchen« mittig auf der Tortendecke fixieren und mit Seidenblüten dekorieren.

MATERIAL

Tortendecke (ø 22 cm)
Fotokarton gelb
Bleistift, Schere, Alleskleber
Wellpappe in Regenbogenfarben
Lineal, 16 Filmbehälter
doppelseitiges Klebeband
2 Schraubdeckel (ø 8,5 cm;
z. B. von Honiggläsern)
Heißklebepistole
Kerze gelb
16 Geldmünzen
Seidenblüten orange

TIPP

Leere Filmbehälter bekommen Sie in Ihrem Fotogeschäft sicher gratis. In den Behältern können Sie weitere Münzen oder andere nette Kleinigkeiten unterbringen.

Präsentkorb

MATERIAL

kleiner Weidenkorb
Blattgirlande (Länge entspricht
dem Korbumfang)
Heißklebepistole
Holzwolle/Kokosfasern
Piccoloflasche, Sektglas
Geschenkband rosa
(40 cm lang, 1 cm breit)
Geschenkband pink
(40 cm lang, 3 mm breit)
Schere
Seidenblüten rosa
Geldschein
Büroklammer
Tonkartonkärtchen rosa mit
Glückwunschtext

Befestigen Sie die Blattgirlande mit Heißkleber auf dem Rand des Weidenkorbs.
Dann den Korb mit Holzwolle oder
Kokosfasern füllen und die Sektflasche
und das Glas hineinlegen.

Nun den Henkel an beiden Seiten mit
Geschenkbändern umwickeln und die
Bandenden zu Schleifen binden. Auf
einer Schmalseite des Korbs und neben
der Sektflasche mit Heißkleber Seidenblüten anbringen.

Den Geldschein fächerförmig falten
und an einer Seite mit einer Büroklammer zusammenheften. Die andere Seite
auffächern und den Schein in die Holzwolle stecken.

Zum Schluss wird das Glückwunschkärtchen mit Heißkleber an der Flasche
befestigt.

TIPP

Der Präsentkorb kann auch mit
einzeln verpackten Süßigkeiten
gefüllt werden.

Für den Gartenfreund

MATERIAL

Juteband grün
(2,5 m lang, 5 cm breit)
Steckschaumkranz (ø 20 cm)
Strohblumennadeln
Fotokarton grün, Bleistift, Schere
Heißklebepistole
Moosgummi weiß, gelb,
orange, lila, blau
Lineal, Zirkel
Blumensteckdraht
Kombizange, Zackenschere
Geldmünzen
2 Tüten Blumensamen
Geldschein
Blumenbindedraht
Tonkartonkärtchen gelb mit
Glückwunschtext

Wickeln Sie das Juteband fest um den Steckschaumkranz. Die Enden werden mit Strohblumennadeln festgesteckt. Danach den Kranz auf den Fotokarton legen und den Umriss nachzeichnen. Den Fotokarton entlang den aufgezeichneten Konturen zuschneiden und mit Heißkleber unter den Kranz kleben.

Nun der Anzahl der Geldmünzen entsprechend Kreise mit einem Durchmesser von 5 cm aus dem Moosgummi und 12 cm lange Steckdrahtstücke zuschneiden. Das eine Drahtende jeweils zu einer kleinen Öse formen und diese rechtwinklig umbiegen.

Dann die Drahtenden bis zur Öse mittig durch die Moosgummikreise stecken und jeweils eine Münze mit Heißkleber auf der Öse und gleichzeitig auf dem Moosgummi befestigen. An-

TIPP

Einige Münzen können auch durch einzeln verpackte Schokoladen-Marienkäfer ersetzt werden.

schließend die Kreise mit der Zackenschere nachschneiden. Stecken Sie die dekorierten Münzen mit den freien Drahtenden dicht nebeneinander auf eine Hälfte des Kranzes. Auf die andere Kranzhälfte werden die Samentüten geklebt.

Einen Geldschein der Länge nach fächerförmig falten. Den Schein in der Mitte mit einem 12 cm langen Stück Blumenbindedraht umwickeln, an den Schmalseiten auffächern und mit dem freien Drahtende neben den Tüten einstecken. Zuletzt das Glückwunschkärtchen auf den Kranz kleben.

25

Für den Bücherwurm

MATERIAL

altes Buch, Bohrmaschine
Holzbohrer in verschiedenen
Stärken
Chenilledraht (75 cm lang)
Lineal, Kombizange
dünner Strickschlauch
(25 cm lang)
Wolle, Schere, Stopfnadel
Heißklebepistole
2 Holzperlen (Ø 4 mm)
Fotokarton schwarz
Geldschein
Tonkartonkärtchen hellblau mit
Glückwunschtext

Zunächst bohren Sie einige unterschiedlich große Löcher in den Buchdeckel. Dann drei 25 cm lange Stücke Chenilledraht zuschneiden und in den Strickschlauch stecken. Beide Schlauchenden zunähen.

Ziehen Sie den Strickschlauch von außen nach innen 20 cm weit durch das erste Loch. Schneiden Sie ihn auf der Deckelinnenseite knapp unterhalb der Lochöffnung ab und kleben Sie den Rand des Schlauches mit Heißkleber am Buchdeckel fest. Überstehender Chenilledraht wird mit der Kombizange abgekniffen.

Nun den übrigen Schlauch von innen nach außen durch das nächste Loch, danach von außen nach innen durch das übernächste Loch ziehen. Den Schlauch wieder unterhalb des Loches abschneiden, die zwei Enden am Buchdeckel festkleben und den überstehenden Draht abkneifen. Diesen Vorgang wiederholen, bis das Kopfende des Bücherwurms zu

sehen ist. Anschließend zwei Holzperlen als Augen annähen.

Die verbliebenen Wurmlöcher werden von hinten mit Fotokarton überklebt. Den Geldschein aufrollen und unter den Wurm stecken. Am Schluss das Glückwunschkärtchen auf dem Buchdeckel fixieren.

Hufeisen

MATERIAL

Geschenkband rot-weiß gemustert
(1 m lang, 5 mm breit)
Geschenkband rot
(70 cm lang, 1 cm breit)
Schere, Hufeisen
Fotokarton rot
Lochzange, Welldraht silber
Geldscheine
Streuteile: Marienkäfer, Herzen,
Schornsteinfeger
Heißklebepistole
Filzstift schwarz

Zunächst als Aufhängung gemustertes Geschenkband an zwei Hufeisenlöchern befestigen. Dann zwei Schleifen jeweils aus rotem und aus gemustertem Band erstellen und am Aufhängeband anbringen.

Nun aus rotem Moosgummi kleine Herzen zuschneiden und jeweils mit einem Loch versehen. Die Geldscheine aufrollen und mit Welldraht fixieren. Die Rollen werden besonders fest, wenn Sie die Scheine um einen Kochlöffelstiel wickeln und dann abziehen.

Geldscheine, Herzen und Schornsteinfeger mit Welldraht an das Hufeisen hängen. Der Marienkäfer wird mit Heißkleber befestigt. Danach ein Herz aus rotem Fotokarton zuschneiden und mit Filzstift die Glückwünsche aufbringen. Das Herz mit Welldraht am Hufeisen fixieren.

TIPP

Hufeisen sind oft auf Flohmärkten zu finden. Haben Sie kein echtes Hufeisen zur Verfügung, können Sie auch ein Schokoladen-Hufeisen verwenden.

Biedermeierstrauß

Schneiden Sie 20 Steckdrahtstücke mit einer Länge von 30 cm zu. Das eine Drahtende jeweils zu einer kleinen Öse formen und diese rechtwinklig umbiegen. Auf jeder Öse wird ein Marienkäfer mit Heißkleber aufgebracht.

Anschließend die Efeuranke in mehrere 15 cm lange Stücke schneiden. Am unteren Ende eines jeden Rankenstücks einen 20 cm langen Blumenbindedraht anbringen.

Dann werden die Geldscheine zu Schleifen geformt. Dazu die Scheine jeweils in der Mitte zusammenfassen und mit 30 cm langen Stücken Blumenbindedraht umwickeln. Die Steckdrähte mit den Marienkäfern, die Efeuranken und die Drahtstücke mit den Geldscheinen zu einem Strauß zusammenfassen und diesen mit Blumenbindedraht fixieren.

Nun die Biedermeiermanschetten von unten auf den Strauß ziehen und mit Blumenbindedraht befestigen. Die Stielenden mit der Kombizange auf eine einheitliche Länge kürzen und mit Kreppwickelband umwickeln. Zuletzt wird das Glückwunschkärtchen mit Heißkleber an einer der Manschetten angebracht.

TIPP

Die Marienkäfer aus Schokolade können durch Kunststoff- oder Holzmarienkäfer ersetzt werden.

Für den Theaterfan

MATERIAL

altes Theaterprogrammheft
Fotokarton grün
Lineal, Bleistift, Schere
Pappe (etwas größer als
das Programmheft)
doppelseitiges Klebeband
Organzaband hellgrün
(50 cm lang, 7 cm breit)
Organzaband dunkelgrün
(50 cm lang, 5 cm breit)
Geschenkband dunkelgrün
(50 cm lang, 1 cm breit)
Bouillon-Effektdraht gold
Heißklebepistole
künstliche Efeublätter
Geldscheine
Tonkartonkärtchen ockerfarben
mit Glückwunschtext
Miniaturgeige

Den Fotokarton den Maßen der Pappe entsprechend zuschneiden und mit doppelseitigem Klebeband auf dieser befestigen. Dann das Programmheft auf den Fotokarton kleben.

Die Organzabänder umeinander schlingen und locker mit Bouillon-Effektdraht umwickeln. Dann das Ganze mit Heißkleber am Rand der Pappunterlage anbringen. Einige Efeublätter auf die Bänder kleben.

Danach werden die Geldscheine mit etwas doppelseitigem Klebeband so zwischen den Programmseiten fixiert, dass die Zahlen auch bei zugeschlagenem Heft sichtbar sind.

Anschließend mit Klebeband das Gückwunschkärtchen auf das Programmheft aufbringen und die Geige mit Heißkleber befestigen.

TIPP

Ist keine Geige verfügbar, können Sie ganz nach Belieben ein anderes Miniaturinstrument als Verzierung verwenden.

Bonbonherz

Nun aus rosa Geschenkband mehrere Schleifen binden und mit Draht am Herz anbringen. Der Geldschein wird der Länge nach fächerförmig gefaltet und in der Mitte mit Draht umwickelt. Danach den Schein mit dem freien Drahtende in der Herzmitte befestigen und die Schmalseiten auffächern.

Dann aus Moosgummi ein Herz ausschneiden und mit einem Loch versehen. Die Glückwünsche darauf schreiben und das Ganze mit blauem Geschenkband am Herz fixieren. Die Bandenden zu einer Schleife binden.

Das Drahtherz wird zunächst mit Kreppwickelband, dann mit der Blattgirlande umwickelt. Beginnen Sie damit jeweils in der Mitte des Herzens. Die Enden der Girlande mit Blumenbindedraht fixieren.

Anschließend jeweils drei Bonbons an einem Ende mit einem 10 cm langen Drahtstück umschlingen. Die Bonbongruppen mit dem freien Drahtende in gleichmäßigen Abständen am Herz befestigen.

Kegel aus Maschendraht

Formen Sie aus dem Maschendraht zunächst eine Rolle. Die jeweils gegenüberliegenden Drahtenden werden mit der Kombizange zusammengedreht. Dann die Rolle auf eine feste Unterlage stellen und zu einem Kegel formen. Die einzelnen Maschen können sich dabei ruhig unterschiedlich verformen.

Nun den Kegel am unteren Rand mit lila Tüllband und gemustertem Geschenkband umwickeln und die Bandenden jeweils zu einer Schleife binden. Befestigen Sie die Bänder in gleichmäßigen Abständen mit Bouillon-Effektdraht.

Anschließend werden die Schleifennudeln locker verteilt mit blauem Geschenkband an den Kegel gebunden. In den verbliebenen Zwischenräumen Münzen in gewünschter Anzahl mit Heißkleber aufbringen.

Dann die Geldscheine der Länge nach fächerförmig falten. Jeweils an einem Ende mit Bouillon-Effektdraht fixieren und am Kegel befestigen. Zum Schluss lochen Sie das Glückwunschkärtchen und bringen es mit blauem Geschenkband an.

MATERIAL

Maschendraht (35 x 35 cm)
Kombizange, Schere
Tüllband lila
(70 cm lang, 7 cm breit)
Geschenkband blau-weiß-gelb
gemustert (70 cm lang, 4 cm breit)
Bouillon-Effektdraht gold
Schleifennudeln (Farfalle)
Geschenkband blau
(1,5 m lang, 3 mm breit)
Geldmünzen, Geldscheine
Heißklebepistole
Tonkartonkärtchen gelb mit
Glückwunschtext
Lochzange

TIPP

Anstelle der Nudeln können Sie auch Schleifen aus Geschenkband anbringen.

Für einen schönen Urlaub

Die Landkarte passend zuschneiden und mit doppelseitigem Klebeband auf der aufklappbaren Tonkartonkarte befestigen. Dann auf der Kartenoberseite einen Kreis mit einem Durchmesser von 6 cm einzeichnen und mit dem Bastelmesser ausschneiden.

Einen dem Kreisausschnitt entsprechenden 1 cm breiten Ring aus Hologrammfolie zuschneiden und auf den Rand der Öffnung kleben. Anschließend werden die Geldscheine mit Klebeband so auf der Innenseite der Karte fixiert, dass der Geldbetrag durch die Kreisöffnung zu sehen ist.

Nun aus lila Tonkarton einen 10 cm langen und 3 cm breiten Streifen ausschneiden, dabei die schmalen Kanten spitz zuschneiden. Aus Hologrammfolie in derselben Form einen 11 cm langen und 4 cm breiten Streifen zuschneiden. Mit Filzstift den Glückwunschtext auf den Tonkartonstreifen schreiben und den Streifen mittig auf die Hologrammfolie kleben. Bringen Sie das Ganze mit Klebeband auf der Karte auf.

MATERIAL

alte Landkarte
aufklappbare Tonkartonkarte orange (DIN A5)
Lineal, Bleistift, Schere
doppelseitiges Klebeband
Zirkel, Bastelmesser
selbstklebende Hologrammfolie pink
Geldscheine
Tonkarton lila
Filzstift schwarz

TIPP

Ist Ihnen das geplante Urlaubsziel bekannt, ist das Geschenk umso reizvoller, wenn das Land auf dem Kartenausschnitt zu sehen ist. Alte Landkarten oder Atlanten finden Sie auf dem Flohmarkt.

Friesenbaum

MATERIAL

2 Holzleisten
(20 x 3 cm, 5 mm dick)
Holzscheibe (ø 6 cm, 1,5 cm dick)
Bohrmaschine
Holzbohrer (ø 6 mm)
Holzrundstab (ø 6 mm)
Lineal, Laubsäge
Schleifpapier, Holzleim
Holzleiste (60 x 3 cm, 2 mm dick)
Hammer, kleine Nägel
Blattgirlande mit weißen Blüten
(2 m lang)
Heißklebepistole
Organzaband grau
(40 cm lang, 7 cm breit)
Geschenkband weiß
(40 cm lang, 2 cm breit)
Miniatur-Verkehrszeichen
Holzbrett (20 x 10 cm, 1 cm dick)
Geldschein
doppelseitiges Klebeband
Tonkartonkärtchen lila mit
Glückwunschtext

In die beiden Holzleisten und die Holzscheibe jeweils mittig ein Loch bohren. Dann den Holzrundstab auf eine Länge von 25 cm kürzen und die Schnittkante mit Schleifpapier glätten. Den Rundstab am unteren Rand mit Holzleim versehen und in das Loch der Holzscheibe stecken.

Nach dem Trocknen des Leims die durchbohrten Holzleisten auf den Rundstab schieben. Die untere Leiste sollte sich im Abstand von 9 cm, die obere im Abstand von 16 cm zur Holzscheibe befinden.

Nun die Leiste für den Rundbügel in Wasser einweichen, vorsichtig zur Rundung biegen und mit Nägeln an den Querleisten und am Rundstab befestigen. Danach umwickeln Sie den Friesenbaum mit der Blattgirlande. Die Enden der Girlande werden mit Heißkleber fixiert.

Den Fuß des Baumes mit einer Organza- und einer Geschenkband-schleife versehen. Anschließend bringen Sie die Verkehrszeichen mit Heißkleber auf. Den Geldschein und das Glück-wunschkärtchen befestigen Sie mit doppelseitigem Klebeband auf dem Holz-brett. Zuletzt den Friesenbaum auf dem Brett platzieren.

TIPP

Friesenbäume sind in Hobby-Fachgeschäften in verschiedenen Größen und Variationen als Bausatz erhältlich.

Kauf dir was Schönes

Vier 17 cm lange und 2,5 cm breite Streifen aus hellblauem Naturpapier reißen. Aus weißem Naturpapier werden fünf 12,5 cm lange und 2,5 cm breite Streifen zugeschnitten.

Nun die hellblauen Streifen in Längsrichtung nebeneinander auf die Tonkartonkarte legen und an den Schmalrändern mit etwas Alleskleber fixieren. Dann werden die weißen Streifen so zwischen die hellblauen geschoben, dass es ein Netz ergibt. Die schmalen Ränder der weißen Naturpapierstreifen ebenfalls mit Kleber befestigen.

Anschließend die Geldscheine passend falten und zwischen die hellblauen Naturpapierstreifen schieben. Einen 12,5 cm langen und 2,5 cm breiten Streifen aus Tonkarton zuschneiden und mit Filzstift die Glückwünsche aufbringen. Danach einen etwas größeren weißen Naturpapierstreifen zuschneiden und mit Alleskleber am unteren Kartenrand anbringen. Den Glückwunschtext auf das weiße Naturpapier kleben.

TIPP

Anstelle von Naturpapier können Sie auch Seidenbänder in entsprechender Breite auf der Karte anbringen.

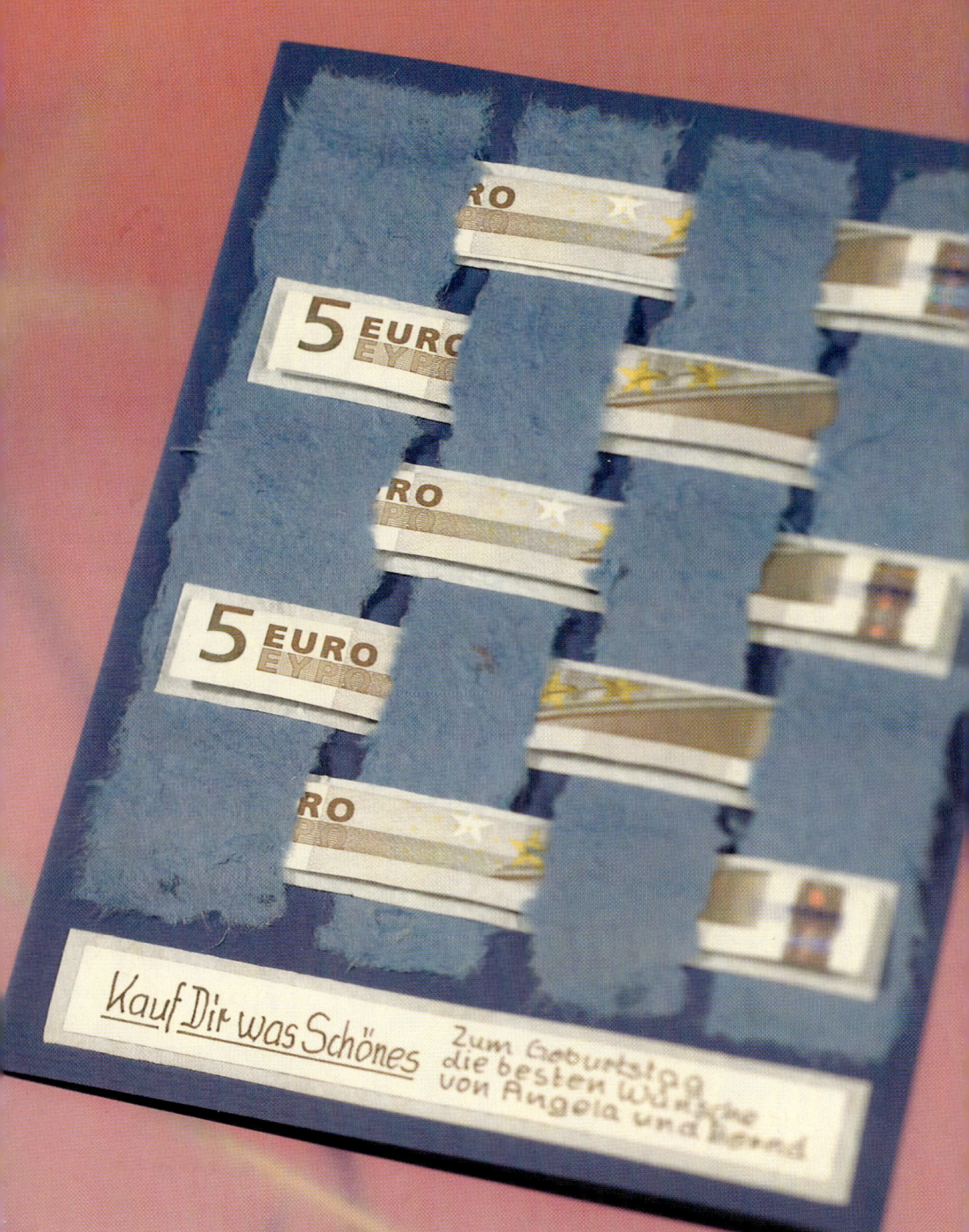

Kauf Dir was Schönes Zum Geburtstag
die besten Wünsche
von Angela und Bernd

Traumfänger

MATERIAL

Drahtreifen (ø 25 cm)
Chenilledraht braun (1,5 m lang)
Silbergarn, Schere
Schlüsselring (ø 3 cm)
Geldmünzen
Heißklebepistole
kleine Perlen transparent
4 Marabufedern
Geldschein
doppelseitiges Klebeband
Tonkartonkärtchen gelb mit
Glückwunschtext

Umschlingen Sie den Drahtreifen zunächst mit Chenilledraht. Dann das Ganze fest mit Silbergarn umwickeln. Der Schlüsselring wird mit Silbergarn so am Reifen befestigt, dass er sich etwa in der Kreismitte befindet. Dazu Reifen und Schlüsselring auf eine glatte Unterlage legen und beides spinnennetzartig mit Garn verbinden.

Anschließend fünf Silbergarnstücke in unterschiedlicher Länge an den Reifen knoten und nach unten hängen lassen. Ein weiteres Garnstück als Aufhänger anbringen.

Nun einige Geldmünzen mit Heißkleber rund um den Schlüsselring am Silbergarn befestigen. Perlen, Geldmünzen und Federn auf die herabhängenden Garnstücke kleben.

Der Geldschein wird zweimal gefaltet und mit doppelseitigem Klebeband an einem Garnende fixiert. Das Glückwunschkärtchen bringen Sie mit Heißkleber ebenfalls am unteren Ende eines Garnstücks an.

TIPP

Je nach Geschmack können einige der Geldmünzen auch durch Seidenblüten, kleine Moosgummiherzen oder Glöckchen ersetzt werden.

Vorlagen

WINDRAD
Seiten 8/9

VORLAGE A
(auf 144% vergrößern)

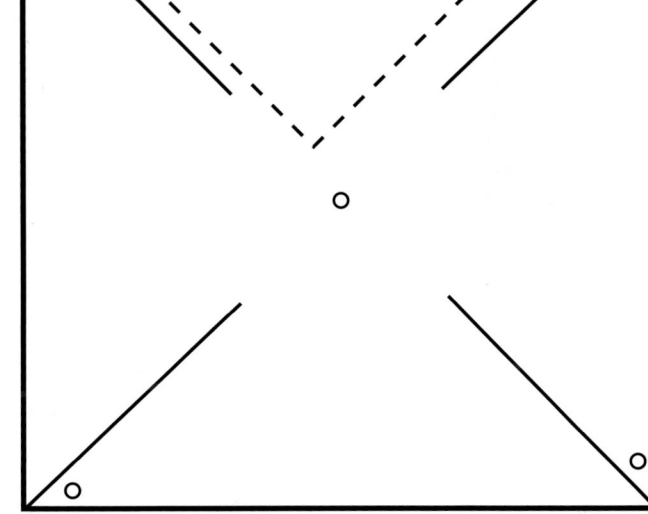

gefalteter Geldschein

VORLAGE B
(auf 144% vergrößern)

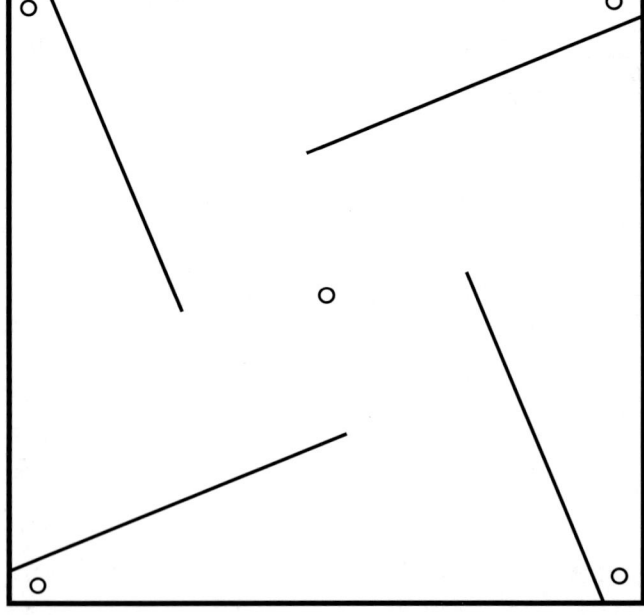

ALLE MEINE ENTCHEN
Seiten 10/11

Die Deutsche Bibliothek – CIP-Einheitsaufnahme
Ein Titeldatensatz für diese Publikation ist bei Der Deutschen Bibliothek erhältlich.
ISBN 3-332-01328-9

www.dornier-verlage.de
www.urania-ravensburger.de
1. Auflage Dezember 2001
© 2001 Urania Verlag, Berlin
Der Urania Verlag ist ein Unternehmen der Verlagsgruppe Dornier.
Alle Rechte vorbehalten.
Umschlaggestaltung: Behrend & Buchholz, Hamburg
Fotos: Sabine Münch, Berlin
Zeichnungen: Irmgard Dose (Design), Martin Schulze (Ausführung)
Modelle: Irmgard Dose
Lektorat: Berliner Buchwerkstatt, Ivana Jokl/Vera Olbricht
Gestaltung und Layout: Berliner Buchwerkstatt, Ulrike Sindlinger/Britta Dieterle
Druck: Messedruck Leipzig GmbH
Printed in Germany

Gedruckt auf alterungsbeständigem Papier mit chlorfrei gebleichtem Zellstoff.

Die Schreibweise entspricht den Regeln der neuen Rechtschreibung.